DÉCOUVRONS EN JOUANT

Les Couleurs et la Lumière

David Evans et Claudette Williams

Sélection du Reader's Digest

PARIS • BRUXELLES • MONTRÉAL • ZURICH

UN LIVRE DORLING KINDERSLEY

DÉCOUVRONS EN JOUANT
Les Couleurs et la Lumière
est l'adaptation française de
LET'S EXPLORE
Coulour and Light
réalisé et publié par Dorling Kindersley Limited, Londres

Nous remercions tous ceux qui ont contribué
à la réalisation de cet ouvrage

ÉDITION ORIGINALE
Direction éditoriale : Stella Love
Direction artistique : Nicki Simmonds
Responsable éditorial : Jane Yorke
Responsable artistique : Chris Scollen
Fabrication : Jayne Wood
Photographie : Daniel Pangbourne

ADAPTATION FRANÇAISE
sous la direction de l'équipe éditoriale de
Sélection du Reader's Digest
Direction éditoriale : Gérard Chenuet
Responsable de l'ouvrage : Paule Meunier
Lecture-correction : Béatrice Omer
Couverture : Françoise Boismal
Fabrication : Jacques Le Maitre

Traduction : Edith Ochs
Maquette : Michèle Andrault

PREMIÈRE ÉDITION
Édition originale

Photocomposition : C.R.G., Paris
Photogravure : J. Film Process. Singapore Pte., Ltd.
Impression et reliure : Proost, Turnhout
Achevé d'imprimer : août 1993
Dépôt légal en France : septembre 1993
Dépôt légal en Belgique : D.1993.0621.73

IMPRIMÉ EN BELGIQUE
Printed in Belgium

ISBN 2-7098-0451-4

Sommaire

Note aux parents et aux enseignants

Les jeunes enfants posent sans arrêt des questions sur ce qu'ils voient, touchent, entendent, sentent et goûtent. La série **Découvrons en jouant** a pour but de développer leur curiosité naturelle et de les encourager à se servir de leurs sens pour découvrir la science. Chaque livre décrit diverses expériences basées sur un thème qui s'inspire de ce que les enfants observent chaque jour. Au travers d'activités familières – taper sur un ballon, frapper dans ses mains, faire des gâteaux –, l'enfant apprend le rôle important que joue la science dans le monde qui l'entoure.

Recherche personnelle

Les jeunes enfants ne peuvent comprendre la science que si on les encourage à réfléchir et à découvrir par eux-mêmes. C'est pourquoi, dans **Découvrons en jouant**, nous avons voulu susciter les questions en évitant, si possible, de montrer les résultats des expériences. Les enfants doivent faire leurs propres découvertes scientifiques et les interpréter à leur manière. En aiguisant la curiosité des enfants, on rend passionnant l'apprentissage de la science, qui n'est plus la simple acquisition de faits. C'est là une approche qui leur servira par la suite dans de nombreux domaines.

Mode d'emploi du livre

Avant chaque expérience, rassemblez le matériel nécessaire en vous servant du texte et de l'image. Laissez les enfants vous aider et proposer des idées. Lorsque tout est prêt, c'est aux enfants de décider comment mener l'expérience et d'en interpréter les résultats. Vous pouvez les aider en leur demandant par exemple : « D'après toi, qu'est-ce qui va se passer ? » ou bien : « Qu'as-tu fait ? »

Ustensiles ménagers

Toutes les expériences peuvent s'effectuer à la maison. Dans la plupart des cas, on utilise des accessoires et des matériaux peu coûteux.

Guide des expériences

Le *Guide des expériences*, pages 28-29, est destiné à aider les parents, les enseignants ou toute personne travaillant avec des enfants. Il esquisse les principes scientifiques de base qui ont motivé les expériences, comprend des conseils utiles pour les mener à bien, et propose des solutions de rechange pour le matériel ou des activités supplémentaires.

La sécurité

Ce symbole indique que la présence ou l'aide d'un adulte est recommandée, par exemple lorsque l'enfant doit faire chauffer quelque chose ou se servir d'objets coupants.

A propos du livre

Dans **Les Couleurs et la Lumière,** les enfants explorent les notions de lumière et d'obscurité, d'ombre et de reflet, le spectre des couleurs et le camouflage. Ils vont imaginer eux-mêmes des ombres et des reflets, mélanger et reproduire des couleurs. Par l'expérience, les enfants découvrent que :

- nos yeux captent la lumière provenant de différentes sources ; nous voyons les objets parce qu'ils émettent ou reflètent la lumière ;
- la lumière peut être visible à travers certains matériaux, alors que d'autres l'arrêtent et absorbent les rayons lumineux ;
- une lumière se reflète sur une surface brillante ; quand la lumière brille à travers des objets transparents, elle peut changer de direction ;
- quand quelque chose arrête un rai de lumière, il se forme une ombre, dont on peut prévoir la position et la taille ;
- quand un rai de lumière est réfracté par un prisme, il se décompose ; les couleurs du spectre apparaissent toujours dans le même ordre ;
- nous voyons les couleurs parce que les matériaux les absorbent ou les réfléchissent selon la longueur d'onde propre à chacune.

Avec votre aide, les enfants vont explorer en s'amusant le monde de la science et s'apercevoir que la découverte peut être un jeu.

David Evans et Claudette Williams

Que vois-tu ?

Est-il facile de faire des choses en fermant un œil ?
Que vois-tu dans le noir ?

Un œil fermé
Peux-tu fermer un œil
et te toucher le nez ?
Peux-tu recommencer
en fermant l'autre œil ?

Avec la lumière
Ferme les yeux et cache-les.
Sais-tu si la lampe est allumée ?
Que se passera-t-il
si on rapproche la lampe ?

Les deux yeux
Cache-toi les yeux.
Quelles couleurs vois-tu ?

La cachette
Construis une cachette
avec des copains en
posant une couverture
sur des chaises
ou des caisses.
Peux-tu y faire
le noir ?

Assieds-toi à l'intérieur.
Que vois-tu dans le noir ?
De quelles façons vas-tu faire
de la lumière dans ta cachette ?

Peux-tu voir au travers ?

Que se passe-t-il quand tu orientes
une torche sur les choses ?

Sur les choses
Rassemble toutes sortes d'objets. Peux-tu en trouver en bois, en tissu, en métal, en plastique, en porcelaine et en papier ? Que vois-tu quand tu orientes la lampe dessus ?

Quelles choses sont brillantes ? Lesquelles sont ternes ?

Sous la main
Peux-tu voir
la lumière
à travers
ta main ?

A travers les objets
Approche une lampe
de différents objets.
A travers lesquels
la lumière
brille-t-elle ?

Voir au travers
Que vois-tu quand tu regardes
à travers une feuille
de plastique coloré ?

Peux-tu faire des ombres ?

Regarde les ombres à l'intérieur et dehors.

Ne regarde jamais
le soleil en face.

Trouver des ombres
Peux-tu voir ton ombre en plein soleil ? A-t-elle toujours la même forme et la même taille ?

Attraper une ombre
Peux-tu attraper l'ombre d'un copain ?

Faire des ombres
Quelles choses font des ombres ?

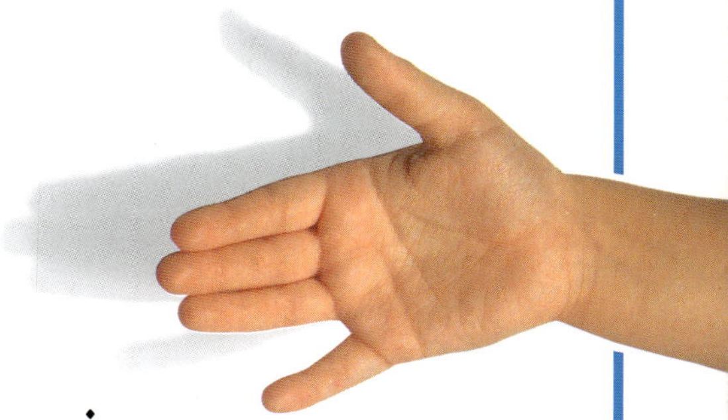

Ombres de mains
Peux-tu faire l'ombre d'une tête de chien ? Celle d'un papillon ?

Ombres de poissons
Découpe un poisson en papier. Colle une paille dessus pour le tenir. Peux-tu faire nager ton poisson sur le mur ?

Dessiner une ombre
Demande à un ami de s'éclairer le visage. Peux-tu mettre une feuille sur le mur et dessiner le contour de son visage ?

Te vois-tu ?

Que vois-tu quand tu regardes quelque chose de brillant ?

Ce qui brille
Quels objets brillants peux-tu trouver ? Que vois-tu quand tu les regardes ?

Une glace déformante
Que vois-tu quand tu regardes dans une glace en plastique souple ?

Une bassine d'eau
Que vois-tu dans une bassine d'eau ? Que se passera-t-il si tu mets le doigt dans l'eau ?

Deux glaces
Peux-tu prendre deux glaces pour voir l'arrière de ta tête ?

Une glace
Peux-tu te regarder dans une glace et te toucher le nez ?

L'image du miroir
Peux-tu dessiner une image en regardant dans la glace ?

Que peut-on faire avec une glace ?

Fais ces exercices avec des glaces
et une loupe pour voir ce qui se passe.

Fabrique un périscope
Fixe deux petites glaces sur un tuteur avec des morceaux de pâte à modeler.

Peux-tu orienter les glaces pour voir de l'autre côté d'un mur ?

Peux-tu voir derrière le coin avec ton périscope ?

Fais un livre
Réunis côte à côte deux glaces en plastique avec du papier adhésif pour faire un livre.
Que vois-tu en repliant lentement les deux glaces ?

Fais varier la lumière
Que se passe-t-il quand
tu projettes un rayon
lumineux sur un mur
à travers une loupe ?

Dévie la lumière
Envoie la lumière sur une glace
à travers un tube.
Peux-tu renvoyer la lumière
dans un autre tube
et la dévier ?

Fais danser la lumière
Peux-tu faire danser
la lumière au plafond
à l'aide d'un petit
miroir ?

Vois-tu l'arc-en-ciel ?

Tente ces expériences pour voir
ce qui arrive à la lumière.
Vois-tu plein de couleurs ?

Prisme
Que vois-tu
quand tu regardes
dans un prisme ?

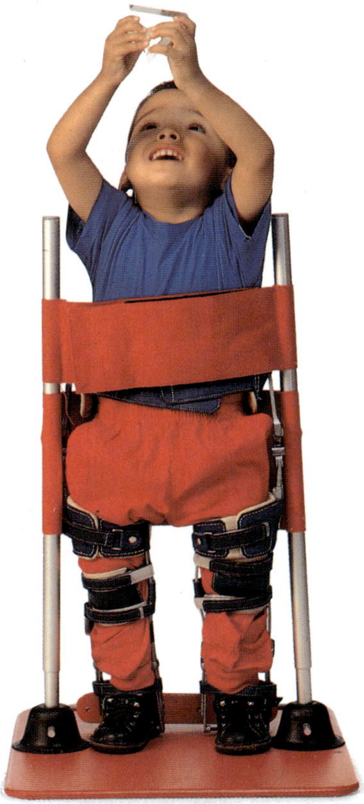

Miroir, lampe et eau
Remplis d'eau un bac en plastique
peu profond. Demande à un ami
de tenir la glace dans l'eau.

Oriente ta torche
sur le bas de la glace,
dans l'eau.
Tiens une feuille
de papier blanc
pour recevoir
l'arc-en-ciel.

Quelles couleurs
vois-tu ?

Des bulles
Vois-tu plus de couleurs dans les bulles quand tu es à l'intérieur ou dehors ?

L'eau et l'huile
Pose un bol d'eau au soleil. Mets des gouttes d'huile de graissage dans l'eau. Que vois-tu ?

Lumières en couleur
Couvre une torche avec du papier Cellophane bleu, l'autre avec du rouge. Dirige les deux torches sur le même point dans une boîte blanche.

Quelle couleur verras-tu ?

Quelles couleurs vois-tu ?

Peux-tu trier les couleurs ?
Peux-tu changer les couleurs ?

Trier les couleurs
Prends toutes sortes de choses. Peux-tu faire des tas de la même couleur ? Que font les couleurs quand tu mets des lunettes noires ? Et quand tu regardes à travers une feuille de plastique coloré ?

Tournez, couleurs !

Demande
à un adulte de
t'aider à faire
une toupie.
Découpe un rond
dans du carton.
Décore-le
avec de la
peinture
ou des
gommettes.

Fais un trou au milieu.
Glisse un crayon
dans le trou.
Que deviendra le dessin
quand tu feras tourner la toupie ?

Mélanger les couleurs

Mets quelques gouttes
de colorant alimentaire
dans un pot d'eau. Quelles
couleurs auras-tu
en mélangeant certains
colorants ? Essaie
de deviner à l'avance.

Peux-tu fabriquer des couleurs ?

Combien de couleurs différentes
peux-tu faire et utiliser ?

Couleurs claires et sombres
Combien de tons
de rouge
peux-tu faire ?

Que se passera-t-il
si tu ajoutes du noir
ou du blanc
dans la peinture rouge ?
Et si tu ajoutes
de l'eau ?

Mélanger les couleurs
Combien de tons
de vert peux-tu faire
avec tes peintures ?

Couleurs variées
Peux-tu faire une image
avec beaucoup de couleurs ?

Observe les couleurs

Découpe une bande dans un filtre en papier. Fais une tache d'encre à un bout à l'aide d'un feutre. Laisse-le tremper dans l'eau. Que va-t-il se passer ?

Pose un rond de papier-filtre sur un gobelet. Fais une tache de colorant alimentaire sur le papier et mets lentement dessus quelques gouttes d'eau. Que va-t-il se passer ?

Essaie avec une autre couleur. Va-t-il se passer la même chose ?

Peux-tu cacher ou reproduire ?

Peux-tu utiliser de la peinture ou des couleurs pour cacher des choses ?

Cacher
Mets ta main sur du papier rayé. Peux-tu cacher ta main sur le papier avec de la peinture ?

Quelles couleurs se voient le mieux de loin ? Lesquelles ne se voient pas très bien ?

Voir
Demande à un ami de se mettre loin de toi en tenant une peinture.

Reproduire la peau
Dessine le contour
de ta main et colorie
l'intérieur du dessin.
Quelles couleurs
vas-tu prendre
pour reproduire
ta peau ?

Le camouflage
Découpe
des animaux
en papier.
Peux-tu faire
ou peindre un fond
où ils pourront
se cacher ?

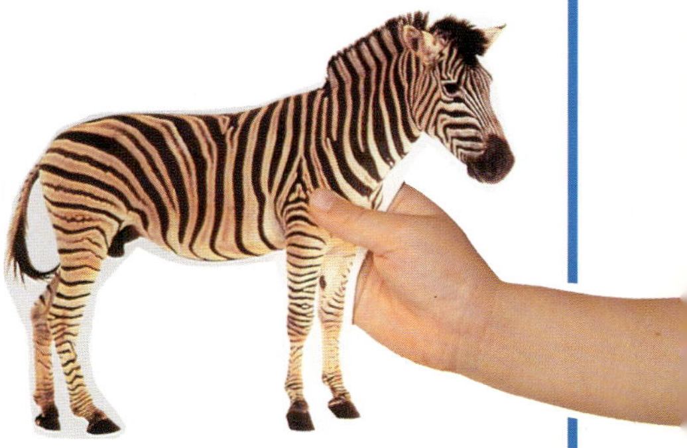

**Les cheveux
et les yeux**
Dessine un ami ou une amie.
Peux-tu reproduire
la couleur de ses cheveux
et de ses yeux ?

Index

Guide des expériences

Les notes ci-dessous esquissent les grands principes scientifiques à la base des expériences et comportent des propositions de rechange pour le matériel et des activités complémentaires.

Que vois-tu ? 10-11

En explorant la notion de lumière et d'obscurité, les enfants découvrent qu'on a besoin de la lumière pour voir. Ils peuvent accomplir des gestes simples à la lumière, puis dans le noir, et trouver leur chemin dans une pièce les yeux fermés ou avec un bandeau. On peut également poser aux enfants des questions telles que : « Où trouves-tu de la lumière ? »

Peux-tu voir au travers ? 12-13

Ces exercices montrent aux enfants que les matériaux sont transparents (ils laissent passer la lumière), translucides (ils laissent passer une partie de la lumière) ou opaques (ils arrêtent la lumière). Les enfants peuvent également faire passer la lumière à travers des liquides – ou regarder au travers – et dire ce qu'ils voient.

Peux-tu faire des ombres ? 14-15

Les enfants apprennent qu'une ombre se forme quand ils se tiennent entre le soleil ou une source lumineuse et une surface claire. En s'exerçant avec des lampes, ils voient que la forme et la taille d'une ombre dépendent de la distance entre l'objet et la source lumineuse.

Te vois-tu ? 16-17

Des expériences avec des glaces et des objets brillants amènent les enfants à comprendre les lois de la réflexion à partir de ce qu'ils voient. En se servant de miroirs flexibles et autres objets courbes, ils peuvent observer la déformation opérée par une surface incurvée.

Que peut-on faire avec une glace ? 18-19

En fabriquant un périscope, les enfants constatent par eux-mêmes à quoi peut servir la réflexion. Le livre réfléchissant introduit la notion d'images multiples. Outre l'exercice avec la loupe, on peut demander aux enfants de faire passer la lumière à travers des verres de lunettes ou des bouteilles d'eau.

Vois-tu l'arc-en-ciel ? 20-21

Les enfants constatent que la lumière blanche peut se décomposer en arc-en-ciel quand elle est réfractée par un prisme, une bulle de savon ou de l'huile à la surface de l'eau. Une lampe rouge et une lampe bleue donneront ensemble une lumière magenta.

Quelles couleurs vois-tu ? 22-23

En se servant de filtres de couleur et de lunettes de soleil, les enfants voient les effets de l'absorption, la transmission et la réflexion de la lumière colorée. Le papier Cellophane des bonbons peut servir de filtre de couleur. En faisant tourner des toupies multicolores et en mélangeant les colorants alimentaires on obtient de nouvelles couleurs.

Peux-tu fabriquer des couleurs ? 24-25

Mélanger et diluer les peintures permet aux enfants de se rendre compte de l'immense variété des couleurs. Grâce aux expériences chromatographiques, les enfants peuvent voir quelles couleurs ont servi pour obtenir telle encre ou tel pigment. Du papier buvard peut remplacer le filtre à café.

Peux-tu cacher ou reproduire ? 26-27

Ces expériences introduisent l'idée du camouflage. En constatant que certaines couleurs se voient de loin mieux que d'autres, les enfants vont imaginer comment des animaux se servent de la couleur pour se camoufler. Ils peuvent pousser plus loin l'expérience en imaginant comment se dissimuler à l'extérieur, par exemple sur une plage.